Arte y cultura

Janucá

Suma

Joseph Otterman

Asesora

Colene Van Brunt
Educadora de matemáticas
Escuelas Públicas del Condado de Hillsborough

Créditos de publicación

Rachelle Cracchiolo, M.S.Ed., *Editora comercial*
Conni Medina, M.A.Ed., *Redactora jefa*
Dona Herweck Rice, *Realizadora de la serie*
Emily R. Smith, M.A.Ed., *Realizadora de la serie*
Diana Kenney, M.A.Ed., NBCT, *Directora de contenido*
June Kikuchi, *Directora de contenido*
Caroline Gasca, M.S.Ed., *Editora superior*
Susan Daddis, M.A.Ed., *Editora*
Karen Malaska, M.Ed., *Editora*
Sam Morales, M.A., *Editor asociado*
Kevin Panter, *Diseñador gráfico superior*
Jill Malcolm, *Diseñadora gráfica básica*

Créditos de publicación: pág.6 Bettmann/Getty Images; pág.7 Katrina Wittkamp/Getty Images; pág.9 Hulton Archive/Getty Images; pág.10 Granger Academic; pág.18 Ariel Skelley/Getty Images; todas las demás imágenes provienen de iStock y/o Shutterstock.

Library of Congress Cataloging-in-Publication Data

Names: Otterman, Joseph, 1964-
Title: Januc?a : suma / Joseph Otterman.
Other titles: Hanukkah. Spanish
Description: Huntington Beach, CA : Teacher Created Materials, 2019. | Series: Arte y cultura | Includes index. | Audience: K to grade 3. |
Identifiers: LCCN 2018055917 (print) | LCCN 2019008435 (ebook) | ISBN 9781425823030 (eBook) | ISBN 9781425828417 (pbk.)
Subjects: LCSH: Hanukkah--Juvenile literature.
Classification: LCC BM695.H3 (ebook) | LCC BM695.H3 O8818 2019 (print) | DDC 296.4/35--dc23
LC record available at https://lccn.loc.gov/2018055917

Teacher Created Materials
5301 Oceanus Drive
Huntington Beach, CA 92649-1030
www.tcmpub.com

ISBN 978-1-4258-2841-7
© 2020 Teacher Created Materials, Inc.
Printed in Malaysia
Thumbprints.23398

Contenido

Festividad 4

La maravilla 8

Hoy 12

Resolución de problemas. 20

Glosario 22

Índice 23

Soluciones. 24

Festividad

¡Es hora de **celebrar**! Prepara la comida. Enciende las velas. Canta las canciones y di las oraciones.

¡Ya vienen los ocho días de Janucá!

Celebran Janucá en 1954.

Janucá es una **festividad** judía. Es la "fiesta de las luces". Honra un tiempo del pasado.

Celebran Janucá hoy.

La maravilla

Hace mucho tiempo, un rey quería que el pueblo judío siguiera sus costumbres. El pueblo judío no quería. Tenían sus propias costumbres. Así que el rey dañó el **templo** judío.

Este modelo muestra cómo era el templo.

Los líderes judíos usaban túnicas especiales en el templo.

Un pequeño grupo de judíos peleó y recuperó el templo. Encendieron una lámpara **sagrada**. Solo había aceite para encender la lámpara por un día. ¡Pero la lámpara ardió por ocho días!

El pueblo celebra la maravilla de la lámpara.

¡HAGAMOS MATEMÁTICAS!

Ahora, las personas encienden velas para recordar la maravilla de la lámpara. Adam tiene 3 velas. Bina le da 2 velas más. ¿Cuántas velas tiene Adam ahora?

1. Resuelve usando el modelo.

Todo □

Parte | **Parte**

2. Resuelve usando la ecuación:

3 + 2 = □

Hoy

El pueblo judío todavía celebra lo que sucedió. Cantan y rezan. Comen comidas especiales. Muchas de las comidas son fritas en aceite. Esto honra el aceite de la lámpara.

Los latkes se sirven con crema agria.

¡HAGAMOS MATEMÁTICAS!

Las personas comen latkes y rosquillas durante Janucá. Roni y Shay ponen latkes y rosquillas en una caja para compartir con amigos. Usa el tablero de diez para representar la caja. Responde la pregunta.

Roni pone 8 rosquillas en una caja. Shay pone algunos latkes. Ahora hay 10 bocadillos. ¿Cuántos latkes puso Shay en la caja?

Las personas encienden velas durante Janucá. Hay nueve velas en una **menorá**. Una vela siempre arde. Se enciende una nueva vela cada noche.

Una niña enciende la menorá con sus abuelos.

Las personas también dan **guelt** o regalos. Hacen juegos. Los niños hacen girar el **dréidel**. Lo hacen por turnos. Juegan para ganar monedas o dulces. ¡Es divertido de jugar!

Algunos dréideles son de madera.

¡HAGAMOS MATEMÁTICAS!

Lía juega con un dréidel. Tiene 9 cosas en total. Unas son dulces y otras son monedas. ¿Cuántos dulces y cuántas monedas podría tener? Usa imágenes y números para demostrar tu solución.

17

Janucá honra el pasado. También mira hacia el futuro. Ayuda a que las personas sepan que en cualquier momento pueden pasar grandes cosas.

Resolución de problemas

Hay 6 personas en la familia de Noah. Él invita a amigos a celebrar Janucá.

1. Noah invita a 7 amigos para la primera noche de Janucá. ¿Cuántas personas hay? Usa el modelo para resolverlo. Escribe una ecuación para demostrar tu razonamiento.

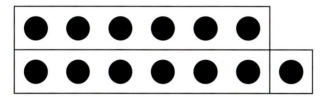

2. Es la segunda noche de Janucá. Hay 17 personas en total. ¿A cuántas personas invitó Noah? Usa el modelo para resolverlo. Escribe una ecuación para demostrar tu razonamiento.

Todo
☐

Parte	Parte
☐	☐

3. ¿En qué se diferencian los problemas?

Glosario

celebrar: honrar un acontecimiento, un día o una persona especial

dréidel: una perinola de cuatro lados

festividad: un día especial

guelt: dinero o monedas de chocolate envueltas en papel dorado que se dan en Janucá

menorá: un objeto que posee nueve velas para una festividad judía

sagrada: conectada con un dios o una religión

templo: un lugar de adoración

Índice

comida, 4, 12

dréidel, 16–17

lámpara, 10–12

menorá, 14–15

templo, 8–10

velas, 4, 11, 14

Soluciones

¡Hagamos matemáticas!

página 11:

1. 5 velas
2. 5

página 13:

2 latkes

página 17:

Las respuestas variarán pero deberían mostrar 9 cosas en total. Ejemplo: 3 dulces y 6 monedas.

Resolución de problemas

1. 13; 6 + 7 = 13
2. 11; 6 + 11 = 17
3. Las respuestas variarán. Ejemplo: en el problema 1, tuve que hallar cuántas personas había en total. En el problema 2, tuve que encontrar cuántos amigos estaban invitados.